AF405505